AF470128

TROISIEME LETTRE A UN AMI.

Conrcernant les Affaires de la Librairie.

EH! mais, mon Très-Cher, vous imaginez donc que je dois être le preux Chevalier des Propriétés Littéraires, toujours prêt à rompre une Lance contre quiconque prétend les attaquer. Vous m'envoyez un nouvel Ecrit, *la Lettre à un Magistrat*, qui est une itérative apologie des derniers Réglemens sur la Librairie, & vous voulez que je vous renvoye encore mes Observations sur cette Lettre. Mais, savez-vous qu'il faut un peu de courage pour se mesurer contre ce nouvel Athelete, & que le ton sur lequel il se monte pourroit en imposer? Ce n'est pas ici l'Auteur *du Discours impartial*, qui se contentoit de défendre modestement les Arrêts, qui ne vouloit que calmer les allarmes trop répandues sur les inconvéniens qu'on y avoit trouvés ; c'est un Panégyriste déclaré qui ne se borne pas à l'apologie des nouveaux Réglemens, mais qui veut qu'on en soit enthousiasmé, qui témoigne même de l'humeur contre tant de gens d'assez mauvais goût pour ne pas partager ses transports. Ces Réglemens sont *composés de Justice & de Sagesse ; une excellente opération d'adminis-tration,*

tration, un chef-d'œuvre de courage & de vraie *justice*, le falut de l'Imprimerie Françoife, & un gage affuré de fa reconnoiffance. Je ferois tenté de dire à l'Auteur ; *M. Joffe, vous êtes Orfévre ;* car à ce ton d'intérêt & de fenfibilité, on feroit tout difpofé à croire que le Panégyrifte a eu quelque part à la rédaction du nouveau Code, & qu'on l'attaque perfonnellement en ne le trouvant pas admirable.

Ne croyez pourtant pas que les raifonnemens apologétiques foient en proportion avec les éloges : autant ceux-ci font ampoulés, autant ceux-là font foibles. L'auteur laiffe même fubfifter toutes les preuves de ma premiere Lettre, qui ont paru des démonftrations à tous ceux qui les ont lues, & que vous me dites avoir fixé les idées du Public défintéreffé. Je pourrois donc attendre tranquillement qu'on y eût répondu, & laiffer l'Ecrivain jouir folidairement de la fatisfaction que lui donne cette reftauration de l'Imprimerie : je veux bien cependant, par pur égard pour vous, vous envoyer quelques réflexions fuccintes fur cette Lettre ; mais tenez - moi compte de cette complaifance, & ne me demandez plus de lui facrifier un tems qui m'eft néceffaire pour d'autres occupations.

Je pourrois arrêter l'Auteur dès le titre de fa Lettre : il fuppofe une conteftation mue entre les Libraires de *Paris & ceux des Provinces.* Qu'il parle de quelques Libraires de Province, j'y confens ; mais tous les Libraires honnêtes de Lyon, Rouen, Bordeaux, défavouent & déteftent les manœuvres malhonnêtes

nêtes de ces Brigands de Librairie, qui ne connoissent d'autre maniere de s'enrichir que celle de dépouiller leurs Confreres, & qui n'ont jamais vécu que de *vols* ; car il faut appeller ainsi les Contrefaçons, puisqu'enfin nos Adversaires même commencent a en convenir. Mais, le plaisant, c'est que l'on trouve mauvais que des Propriétaires dépouillés réclament contre cette spoliation. L'Auteur leur fait un crime de *leurs Demandes*, *de leurs Mémoires*, *de leurs Démarches* : il semble, dit-il qu'on leur enleve *leurs Maisons*, *leurs Champs*, *leurs Titres de propriété* ; & assurément, on les leur enleve. La Maison, le Champ, la Propriété d'un Libraire, c'est le Livre, cet Ouvrage qu'il a acheté souvent fort cher, (*a*) qui a constitué son lot dans le partage de la Succession paternelle ; qui a formé la dot de sa femme, qu'il a accepté comme l'équivalent d'une Maison , d'un Contrat qui sont échus à ses Cohéritiers ; équivalent qu'il a espéré, & qu'il devoit espérer posséder à perpétuité, ainsi qu'eux ; sans quoi l'inégalité entre les Copartageans seroit évidente. Je voudrois bien que cet homme si modéré, qui blâme *la commotion dont la Librairie est agitée*, vît afficher un Edit qui anéantiroit ou retrancheroit la moitié de la valeur d'un Contrat qu'il auroit sur le Roi ou sur l'Hôtel-de-Ville ; s'il n'opposeroit à sa ruine qu'une douleur modeste & patiente ; ou

Page 2.

____

(*a*) J'en donnerai les preuves dans un moment.

A 2

& après des clameurs stériles, il ne demande-
roit pas à ses Cohéritiers que sa portion héré-
ditaire fût réalisée. Veut-il qu'on le mette
dans la classe de ces Egoïstes, qui ne connoissent de mal que celui qui leur est personnel ?
A la bonne heure ; qu'il défende, s'il le peut,
ces Arrêts ; qu'il prétende qu'il a fallu sacrifier
des intérêts, des droits privés à un intérêt
plus général ; comme chacun a sa maniere de
voir, on ne le trouvera pas mauvais, mais
qu'il n'envie pas aux malheureux & la conso-
lation de se plaindre, & les plus *grands mou-
vemens* pour que leurs plaintes ne soient pas
sans succès.

Propriétés Littéraires.

Après ce préambule, l'Auteur entre dans
la grande question de *la Propriété*. Il a bien
senti, ainsi que le *Discours impartial*, que
c'étoit-là la vraie question, le point vraiment
important & décisif. Aussi est - ce une chose
curieuse de voir comment ces Messieurs s'agi-
tent, se battent les flancs pour sauver cette
Propriété, & pour persuader que les Rédacteurs de l'Arrêt (qui dans le fait l'anéantis-
sent) n'y touchent pas du bout du doigt.
J'avois établi des notions simples, connues de
ce qui s'appelle Propriété ; tout le monde les
a saisies : j'entends dire même que des femmes,
distinguées d'ailleurs, mais peu initiées dans ces
matieres, ont dit après la lecture de ma premiere Lettre, *Nous concevons tout cela.* Qu'y
a-t-on opposé ? Des notions louches ou toutes
nouvelles, des sophismes qui embrouillent,

des

des amplifications, où se noyent les idées, des comparaisons qui n'y ont aucun rapport. En voici une nouvelle définition que propose la *Lettre au Magistrat.* » La propriété est le » droit qui appartient à chaque individu d'u- » ser de sa chose en en tirant le meilleur » parti possible , autant que le comporte la » nature de la chose elle-même , & que le » permettent les Loix du Pays qu'il habite. « Or comme j'aime à être de bonne composi- tion , je ne veux point incidenter sur les ter- mes , & j'adopte la définition, parce que tou- tes celles qui seront raisonnables , favorisent également ma thèse sur les propriétés litté- raires. P. 4.

1°. La propriété est le droit d'*user de sa chose en en tirant le meilleur parti possible :* d'accord ; ainsi un Ouvrage que j'ai composé est *ma chose , ma propriété ;* & elle n'est telle que par le droit d'en tirer parti. S'il reste dans mon porte-feuille , il est absolument stérile pour moi; & la seule maniere d'en ti- rer un *parti* quelconque , c'est de le rendre public. Si à ce moment de publicité la pro- priété m'échappe des mains, & qu'elle puisse être la vôtre , jamais il n'y aura eu aucun moment où cet Ouvrage ait été ma *chose ,* c'est-à-dire , ma *chose utile ,* ma chose dont j'aye pu *tirer quelque parti ;* cela est de toute évidence. Or , suivant nos Adversaires , dès qu'un Livre commence à être mis en lumiere par l'impression, il devient un bien commun; donc je ne l'ai plus précisément à l'instant où , en se montrant , il commence à être quelque

A 3

chose ,

chose, à être vraiment une *propriété utile*. Si tout le monde peut alors me l'enlever, jamais je ne l'ai eue, jamais je ne l'aurai : & ainsi cette premiere condition de toute propriété que l'Auteur admet, n'est réelle, n'est raisonnable que dans l'unique sens que nous avons donné aux propriétés littéraires. Si nos Adverfaires vouloient bien réfléchir fur ce raisonnement, il est impossible qu'ils ne sentissent pas qu'il faut ôter à l'Auteur toute propriété, celle même qu'il a fur l'Ouvrage renfermé dans fon fecrétaire, & ne plus lui laisser qu'une propriété chimérique (qui ne vaudroit pas mieux que celle d'un caillou mis à la place du manufcrit) fi cette propriété s'évanouit dès qu'elle peut être *fa chofe*, une jouiffance utile dont on puiffe tirer parti. Donc, d'après la définition même de l'Auteur, c'est une petite fubtilité fcholaftique de dire qu'il refufe à un Ecrivain comme *propriété* ce qu'il lui rend en *fuprême équité*, & que le Gouvernement lui doit protection pleine & entiere, pour qu'il retire grandement le fruit de fes labeurs. Le Gouvernement ne doit protection qu'à ma propriété quelconque, & n'est tenu de conferver que ce qui en porte le caractere, quelque nom qu'on lui donne : il ne peut la conferver qu'en mettant en état d'en retirer du fruit, & c'est précifément parce que l'Ouvrage ne peut pas être une *propriété tant qu'il demeure renfermé dans un tiroir*, que le Gouvernement doit me la défendre quand il commence à en fortir, puifque ce n'est qu'à ce moment qu'il

devient

devient propriété utile. Vous voyez que je n'ai befoin que des affertions même de l'Adverfaire pour le combattre.

2°. Il ajoute une feconde condition pour conftituer une propriété, c'eft qu'elle ne peut avoir lieu *qu'autant que le comporte la nature* Page 4. *de la chofe elle-même.* « Car cette chofe peut
» être telle que je ne puiffe pas en ôter la
» jouiffance aux autres. Ainfi, j'ai un fanal
» à ma porte pour m'éclairer, je ne puis pas
» empêcher que les paffans n'en profitent.
» J'ai la propriété d'un violon, je ne puis pas
» empêcher, en jouant pour moi, qu'un autre
» n'ait le plaifir de l'entendre ».

Convenez, Monfieur, que ces comparaifons font charmantes & qu'elles prouvent victorieufement qu'on peut m'enlever mon Ouvrage, dès que je le fais paroître. Seroit-il poffible que l'Auteur n'eût pas fenti le ridicule de ces comparaifons, ou de leur application ? Que mille paffans marchent à la lumiere de mon réverbere, que cent perfonnes jouiffent du plaifir de m'entendre jouer du violon, je n'en conferve pas moins la propriété de cet inftrument ; ce n'eft pas tout, je n'en tire pas moins le *parti utile* que je puis, que je veux même en tirer. La jouiffance des autres ne diminue pas la plus petite particule de la mienne ; elle y ajoute même la fatisfaction d'être utile à mes voifins, & la petite gloire d'être applaudi par les Amateurs. Mais fi on contrefait mon Ouvrage, fi le premier venu eft le maître de l'imprimer & de le vendre fans mon aveu, il m'ôte une

A 4

partie,

partie , une très-grande partie , souvent la presque totalité de ma jouissance , & dès-lors de ma propriété, qui en ce genre en est inséparable. C'est m'enlever mon fanal pour l'aller placer sur sa maison , ou mon violon pour en jouer chez soi & en amuser ses amis. Profitez , leur dirois-je , de la lumiere que je vous communique ; goûtez le plaisir des sons agréables de mon violon, mais ne me l'enlevez ni l'un ni l'autre. Enrichissez vous de même des lumieres , des vérités que vous présente mon Ouvrage; trouvez-y si vous voulez un amusement très-légitime, s'il est écrit d'un style qui affecte , mais ne le vendez pas à mon préjudice : trouvez bon que ce soit moi qui vous instruise & vous amuse, & qu'un autre à qui il ne coûte rien , ne me dépouille pas du profit honnête que j'ai espéré en tirer.

3°. Une troisieme condition que l'Auteur suppose dans toute propriété est qu'on *ne peut en tirer parti qu'autant que le permettent les Loix du Pays qu'on habite.* Encore un principe sur lequel nous sommes pleinement d'accord ; mais comme il est vrai, & qu'en bonne logique , on ne peut tirer valablement une conséquence fausse d'un principe vrai , il va se trouver que la conséquence naturelle, nécessaire de ce principe , assure les propriétés littéraires. En effet, personne, comme dit très-bien l'Ecrivain, ne naît propriétaire ; on naît avec son corps , & voilà tout : tout bien a appartenu au premier possesseur par voie *de premiere occupation , primo occupanti ,* & la Loi a sanctionné cette premiere occupation

d'un

d'un champ défriché, enfemencé, *à l'effet d'en* Page 5.
recueillir les fruits à toujours. J'aime les comparaifons de cette Lettre ; il femble qu'on les
ait choifies pour nous. Ainfi, *la premiere occupation* fait un titre, la Loi l'a convertie en
propriété, & les fruits qui en naiffent m'ap-
partiennent à toujours. Or, quand j'ai com-
pofé un Livre, je fuis dans le cas de *premiere
occupation*, finon pour la matiere, au moins
par la maniere de la traiter ; c'eft un champ
que j'ai le premier enfemencé, auquel j'ai
fait porter des fruits ; le débit, fi je puis parler ainfi, m'en appartient donc. Si un autre
fe les approprie & prétend les débiter à fon
profit, il me vole, il attaque ma propriété, &
la loi qui me la fanctionnée *à toujours*, eft
obligée de me la conferver. Qu'il cultive un
autre terrein, qu'il compofe un autre Ouvrage, il en eft bien le maître ; mais je fuis
le *premier occupant* de celui-là, de ce fujet
particulier, perfonne ne peut donc s'en em-
parer à mon préjudice.

Affurément, replique-t-on ; mais la loi qui
a converti votre occupation en propriété, a
pu y appofer des conditions, des modifica-
tions. Ainfi, malgré la propriété de votre
terre, le Gouvernement défend de convertir
les labours en pâturages, de planter des vi-
gnes où il y en a trop, il vous en enleve une
partie pour un grand chemin, &c. Il a pû de
même, fans donner atteinte à la propriété
littéraire, y mêler des gênes, des entraves.

Voilà la difficulté bien propofée, ce me
femble, & voici deux ou trois réponfes qui

me

me paroiſſent ſans réplique. 1°. Les propriétés littéraires ſont ſuſceptibles comme toutes les autres de ces *gênes* dont jamais on ne s'eſt plaint. L'Auteur après avoir compoſé ſon Ouvrage, ne peut l'imprimer ſans une premiere permiſſion, ſans une nouvelle à l'expiration de la premiere, ſans s'aſtreindre à mille formalités ſagement preſcrites par tous les Réglemens. Tout cela formoit des *gênes* à la propriété, mais n'y donnoit pas *atteinte*. Les nouveaux Arrêts non-ſeulement y donnent atteinte, mais l'anéantiſſent. 2°. Quand le Gouvernement met des gênes aux propriétés particulieres, ce n'eſt jamais que par néceſſité & pour l'intérêt public. Il ne défend pas à un propriétaire de planter de la vigne pour que ſon voiſin puiſſe en planter & vendre mieux ſa récolte, c'eſt parce que le Pays a trop de Vignobles, & pas aſſez de terres labourables : il n'ôte pas à Pierre trois pieds de ſon champ pour étendre celui de Jacques, mais parce que la voie publique trop anguſticé a néceſſairement beſoin de ce retranchement pour être élargie. Mais par les nouveaux Réglemens on m'arrache ma propriété perſonnelle pour l'avantage d'un particulier ; on m'ôte le droit excluſif que j'avois à mon Ouvrage, pour en gratifier mon voiſin ; il y gagne ſans doute , mais qu'importe à l'intérêt publique qu'il vende mon Ouvrage que je pouvois vendre ſans lui ? Que l'on gêne ma propriété quand le bien public y force, je dois m'y ſoumettre, & même y applaudir : ainſi, on peut m'empêcher de faire imprimer un Ouvrage parce
qu'on

qu'on juge que par lui-même, ou par les circonſtances, il pourroit être nuiſible. On peut au bout d'un certain tems l'arrêter & s'oppoſer à une réimpreſſion, parce que bon & utile dans un certain tems, il feroit dangereux dans un autre. Voilà des *gênes* miſes à ma propriété ; *gênes* que commande le bien général ; *gênes* ſur leſquelles j'ai dû compter, parce que l'uſage de ma propriété eſt ſubordonnée à l'intérêt commun, aux loix fondées ſur cet intérêt. Mais cela ne reſſemble en rien à des gênes inutiles au bien public, & qui ne favoriſent que l'avantage privé, à des *atteintes* données à la propriété qu'on ne m'enleve que pour la donner à un autre, qui ſans y avoir aucun droit emportera un profit qui m'appartenoit. 3°. Enfin, quand le Gouvernement eſt forcé d'enlever très-réellement une propriété particuliere dont le ſacrifice eſt néceſſaire à l'intérêt général, il le compenſe par un dédommagement proportionné. Ainſi, on ne jette pas à bas une partie de ma maiſon pour un édifice public qu'on ne la faſſe eſtimer & qu'on ne me la paie : on ne prend pas mon champ, quoiqu'il ſoit néceſſaire à la confection d'un grand chemin, ſans me tenir compte de ſa valeur : & cela, parce qu'on a compris qu'il n'étoit pas juſte que je fiſſe ſeul avec quelques riverains les frais de cet emplacement pour un édifice public, les frais de cette nouvelle route, & qu'on devoit nous en dédommager par une contribution à laquelle fourniroit le Public qui doit profiter de cette route. Il eſt donc peu raiſonnable de compa-

rer

rer des *atteintes* de cette efpéce, données à la propriété; atteintes néceffaires; atteintes qu'on tâche de rendre les plus petites poffible; atteintes qu'on a foin de remplacer par d'autres jouiffances; avec les atteintes données à la propriété littéraire; atteintes inutiles au bien public, (fi même elles ne lui font pas nuifibles, comme on l'a démontré) atteintes qui ne favorifent que l'avidité particuliere, qui tranfportent d'un individu à un autre individu, une propriété qu'il étoit fort indifférent pour l'Etat qui fût poffédée par l'un ou par l'autre.

Après cette définition de la propriété, qui, comme vous le voyez, fe trouve, malgré l'intention de l'Écrivain, toute à l'avantage des propriétés littéraires, il effaye d'y donner de nouvelles atteintes par quelques petites fubtilités qu'il faut au moins balayer, pour qu'il n'imagine pas qu'elles ont quelque folidité.

1°. Il eft permis de faire des Obfervations fur un Ouvrage, de le critiquer. Pour cela il faut néceffairement que je tranfcrive le texte; mais je puis en tranfcrire de longs paffages, 100, 200, 500 vers d'un Poëme; par-là je pourrai légitimement faire imprimer le tout avec mes obfervations; donc la propriété eft illufoire.

Me croiroit-on, fi je difois, fans le citer, que notre Adverfaire appelle cela un *argument affez fort*? Mais qu'y verrez-vous autre chofe qu'une chicane miférable? Sans doute fi un homme s'avifoit, fous prétexte de réfuter ou de commenter un Ouvrage, d'en extraire

traire des pages entieres, en y accolant une cenfure frivole, ou une obfervation triviale; s'il copioit 4 ou 500 vers apoftillés de quelques notes inutiles, on verroit bien que c'eft un fripon qui veut donner une Edition d'un Livre, en paroiffant le commenter, & perfonne ne feroit trompé à ce petit manége, qui feroit bientôt réprimé. Mais qu'un Journalifte analyfant un Livre, copie des pages entieres pour montrer l'enchaînement ou le faux d'un raifonnement; qu'il tranfcrive un morceau de Poéfie comme modele de ftyle, ou préfervatif contre le nouveau goût, jamais on ne dira qu'il s'approprie l'Ouvrage, qu'il attente à la propriété, qu'il la rend illufoire. Quand le Cenfeur Clément a difféqué bien ou mal la Henriade, qu'il a parcouru fes différens Chants pour relever ou les plagiats du Poëte, ou le manque de Poéfie, eft-il venu en penfée à perfonne que par là il trouvoit le fecret de donner à fon profit une Edition de la Henriade, & qu'il rendoit illufoire la propriété de celui qui en a le privilége? Quand Voltaire lui-même a commenté le grand Corneille, l'a-t-on foupçonné de vouloir faire fon profit de fes Tragédies?

2°. Autre objection auffi redoutable. Si la propriété littéraire étoit réelle, les Nations autoriferoient le vol refpectif en n'en puniffant pas le violement. Car fi un Imprimeur Anglois imprime mon Ouvrage fur un Exemplaire acheté à Paris, nul Tribunal ne le condamnera envers moi; au lieu que fi cet Anglois me doit 500 livres fterlings, les

Tribunaux

P. 12.

Tribunaux du Pays le condamneront à me payer. Je ne vous ferai pas l'injure de donner une réponse directe à un si mince raisonnement, je me contente de le *retorquer*. Si la banqueroute frauduleuse étoit un vol, les Nations ne l'autoriseroient pas en donnant retraite au voleur ; cependant un François retiré en Hollande y jouit patiemment, tranquillement de la pacotille qu'il a emportée, en volant ses créanciers, sans que les Tribunaux Hollandois le condamnent à restituer. Donc, &c. Apparemment que l'Auteur ignore qu'il y a de Nations à Nations des loix, des usages de convention, qui bornent la justice respective à certains délits, en laissant, apparemment pour de bonnes raisons, les autres impunis.

3°. Avançons ; car ce sont toujours chez notre Adversaire de nouveaux traits de lumiere : »Si la propriété étoit réelle, exclu- »sive, pourquoi le Roi, en punissant le »Contrefacteur, s'attribue-t-il un tiers de »l'amende & donne-t-il un tiers aux Hôpi- »taux, &c. Quand on pille mon jardin ou »ma maison, la réparation du tort souffert »n'est adjugée qu'à moi seul.« Eh ! mais, M., achetez donc du premier Colporteur l'Arrêt qu'il va crier, & qui envoye un homme à la potence. Le Parlement ordonne que sur ses biens il sera pris 200 livres d'amende envers le Roi ; cela empêche-t-il qu'on ne me restitue ce qu'il m'a volé, & que l'on trouve chez lui ? Quel rapport entre l'amende & la restitution ? Le Roi punit le mépris de

son

(15)

son privilége par l'amende , & il venge ma propriété par des dommages & intérêts , ou par la restitution de ce qui m'a été pris. Est-ce qu'un Ecrivain qui prend un ton si haut, si triomphant , devroit obliger de répondre à d'aussi frivoles raisons?

4°. Enfin les Auteurs n'avoient aucune propriété ; mais le Roi par ses Arrêts leur en crée une , un *patrimoine à perpétuité ,* un patrimoine d'honneur. De grace, M., accordez-vous donc un peu dans votre plan de défense , & qu'on sache avec quelles armes vous combattez. Quand on a démontré jusqu'à l'évidence, qu'un Ecrivain étant reconnu, par les Arrêts même , Propriétaire incommutable, son Cessionnaire devoit l'être comme lui ; l'Auteur du *Discours impartial ,* qui a senti la force de la difficulté , a répondu que cette propriété reconnue dans l'Auteur ne tiroit point à conséquence ; que c'étoit , au fond, une chimere, parce qu'il seroit impossible aux Auteurs d'en profiter personnellement , & qu'ils seroient forcés de céder leurs droits à un Libraire , pour qui ils ne seroient plus perpétuels. Et voilà *la Lettre au Magistrat ,* qui exalte ce bienfait du Souverain envers les Auteurs , qui nous vante un patrimoine tout neuf, un *patrimoine perpétuel* créé par le Souverain , qui présente comme un avantage inoui celui de pouvoir débiter chez soi son Ouvrage, ce que l'autre Apologiste regardoit comme ruineux , & dès-lors impossible. Le vrai, & le seul vrai, c'est que réellement la propriété des Auteurs seroit
nulle ,

P. 43

nulle , s'ils ne pouvoient pas en traiter avec un Libraire ; qu'ainſi il faut ou la leur enlever nettement , ou avouer qu'ils peuvent la céder. C'eſt donc un pur perſifflage que de venir nous dire , qu'*on a pourvu grandement, noblement à leurs intérêts* ; c'en eſt un que cette exhortation empoulée qu'on leur fait, *d'élever la voix de la gratitude* , & de ne pas *laiſſer calomnier le bienfait* qu'on leur accorde. J'exhorte l'Auteur à faire proviſion de patience ; car il attendra long-tems avant que ſa pathétique invitation ait réveillé la muette & inſenſible reconnoiſſance des Auteurs.

Après le développement de ſa définition , l'Auteur fait une légere excurſion ſur ce qui ſe paſſoit avant l'invention de l'Imprimerie. Mais il convient qu'il n'en ſait rien de bien poſitif , & il y paroît ; car il nous débite de petits contes ſur la maniere de ſe procurer des copies , ſur les ſouſcriptions d'alors. Il parle d'Abailard , de Guillaume de Champeaux , des copies fort recherchées de leurs Ouvrages , &c. & il ne ſait pas que cet Abailard, ce Guillaume de Champeaux étoient des Profeſſeurs, qu'ils dictoient des cahiers à leurs Ecoliers , qu'ils retiroient un profit certain de leurs Chaires, & qu'ils n'en prétendoient aucun à la copie de leurs Traités ; que chacun pouvoit ſe les procurer , ou en aſſiſtant aux Leçons, ou en les copiant. La peine de les copier étant de niveau avec le prix qu'on en eût donné , ce qui n'eût jamais pû faire une ſpéculation utile aux Auteurs.

De-là il nous tranſporte à la naiſſance de l'Imprimerie ;

l'Imprimerie ; il nous offre les Presses occu-
pées à une foule d'Ouvrages nouveaux , sans
gêne , sans réclamation contre les Contrefacteurs, ni de la part des Auteurs, ni de la part
des Imprimeurs Cessionnaires. Le joli roman !
Ne vous semble-t-il pas que chaque jour
voyoit éclorre de nouveaux Ouvrages , que
les annonces en tapissoient déja tous les an-
gles des rues, tous les portiques ? Qu'en est-il
cependant ? Le voici. C'est qu'un Livre nouveau étoit alors un phénomène, & que , sans
prohibition , aucune personne ne s'avisoit de
le contrefaire ; que ce que l'on imprimoit,
étoit les anciens Auteurs Grecs ou Latins ;
quelques parties de l'Ecriture-Sainte , tous
Ouvrages que personne ne s'avisa d'abord de
revendiquer exclusivement , parce que personne n'en étoit le Propriétaire ; que les premiers Priviléges qui furent accordés avoient
pour objet ces sortes d'Ouvrages ; un Imprimeur n'osant entreprendre une Edition un
peu coûteuse sans s'être assuré auparavant que
le profit ne lui en seroit pas enlevé par la
concurrence. Si l'Auteur n'a pas ces premieres notions de la Librairie & de l'Imprimerie ,
c'est une ignorance qui n'est pas excusable ;
s'il les a , il est malhonnête de les défigurer
aussi grossiérement.

Priviléges.

Voyons s'il raisonne mieux sur les Priviléges. J'en demande bien pardon *au Correspondant du Magistrat* , mais autant de phrases,
autant d'erreurs.

B   Une

Une fois des Priviléges accordés pour des Ouvrages d'*Auteurs vivans*, on en demanda pour des Auteurs anciens : *premiere erreur.* Les premiers Priviléges furent accordés pour des Ouvrages anciens : en 1507, pour les Epîtres de St. Paul, traduites 300 ans avant par Desmoulins, & glofées par un Augustin inconnu : en 1508, pour les Ouvrages de St. Bruno : en 1509, pour l'impreffion de *Major in Sententias* : en 1511, pour la Chronique de Sigibert ; en 1518, pour les Ouvrages d'Ange Politien, &c.

Erafme fut le premier qui demanda un Privilége pour l'*impreffion de fes Ouvrages* : *deuxieme erreur.* Erafme demanda un Privilége en faveur de Jean Froben, non pour fes propres Ouvrages, mais pour tous les livres que cet Artifte imprimeroit : & par-là il vouloit non ménager fes propres intérêts, mais protéger les premiers Imprimeurs qui s'étoient rendus célébres dans leur art, contre l'avidité de ces plagiaires qui s'approprioient le bénéfice des Ouvrages fortis des bonnes preffes, en les contrefaifant.

Les preffes étrangeres fe font multipliées aux portes du Royaume par nos Priviléges exclufifs, *troifieme erreur*, & le *Difcours impartial* que l'Auteur copie, auroit dû le défabufer : car, il donne la vraie caufe de cette multiplication d'Imprimeries étrangeres qui nous vendent nos propres Ouvrages ; c'eft que ces Imprimeurs ont pour le papier un double avantage fur les nôtres. Ils ne payent point de droits fur le papier fabriqué chez

eux,

eux, & ils en payent moins que nous fur le papier qu'ils tirent de France. Eft-il étonnant que faifant pancher la balance par le bon marché, ils fe foyent multipliés?

Les Priviléges ne font point un fauve-garde de la propriété, mais une fimple protection du Souverain, pour que le travail de l'Auteur, & les frais de l'Imprimeur leur profitent : *quatrieme erreur.* Car toutes les précautions prifes, annoncent qu'on n'eft occupé dans tout Pays que de la propriété. En France, fous M. d'Agueffeau, jamais on n'a accordé une continuation de Privilége qu'à celui qui l'avoit eu, à moins qu'on n'apportât un défiftement du propriétaire. En Angleterre, en Ecoffe, en Irlande, il eft inoui qu'un Imprimeur contrefaffe l'ouvrage d'un de fes Confréres, il feroit puni comme voleur; & fi dans l'un de ces Royaumes, on contrefait un livre imprimé dans un autre, il ne pénétre point dans celui-ci. En Hollande on n'accorde aucun Privilége qu'on n'ait envoyé le titre du livre à tous les Libraires, & fi quelqu'un le réclame comme lui appartenant précédemment, il faut que le demandeur, ou prouve fa propriété, ou s'accommode avec l'oppofant. En Allemagne, quoique chaque Souverain puiffe permettre d'imprimer chez lui, on n'y fouffre point les Contrefaçons d'un Ouvrage imprimé chez un autre Prince Allemand. Trattner ayant ofé le tenter à Vienne, a excité un foulevement univerfel. Enfin, en Italie jamais dans le même état la Contrefaçon n'eft tolérée; elle n'y eft pas même connue.　　　　B 2　　　　Une

Une preuve que le Privilége ne suppose aucune propriété, c'est que quand il n'y a qu'une permission sans Privilége, un autre peut légitimement imprimer le même Ouvrage : *Cinquieme Erreur*. Une simple permission assure également la propriété, & voici comment : c'est qu'étant défendu d'imprimer aucun Ouvrage sans la permission du seul Magistrat qui a accordé la premiere permission à l'Auteur ou à son représentant, jamais il n'arrive qu'il l'accorde à un autre ; d'où il s'ensuit que celui qui, sans ce préalable oseroit le contrefaire, seroit puni comme tout Contrefacteur d'un Ouvrage imprimé avec Privilége, & condamné à un dédommagement envers le Permissionnaire.

Mais voici non une erreur simplement, mais une gaucherie incroyable de la part de l'Auteur, qui se perce de sa propre ép...C'est, nous dit-on, une injustice à un Auteur de prétendre à un Privilége perpétuel, parce que ne fournissant qu'une *partie*, il demande le profit du *tout*. Suivez, je vous prie, ce développement, il est très-curieux. « Mes pensées sont » une valeur *morte*, c'est l'impression qui leur » donne une *valeur vénale* ; je n'ai moi Au- » teur que le mérite *occasionnel*, il ne devient » complet, que par le mérite *concomitant* de » l'impression, & cela mérite.

On ne peut pas mieux ; avançons : « pour- » quoi donc le profit pécuniaire qui est le ré- » sultat de l'*ouvrage* d'un côté, & du *travail* » *Typographique* de l'autre, seroit-il tout » *entier* pour l'Auteur qui ne fournit qu'une

portion

» *portion* de ce qui crée le produit? A merveille, M. le Correspondant ; nous allons
bientôt être d'accord, & malgré vous ma propriété me sera irrévocablement assurée. Vous
dites très-bien, il est injuste que l'un ou l'autre des deux contribuans, pour sa part, à l'*Ou-*
vrage imprimé, emporte à toujours le profit
du *tout* ; mais si un seul réunit les droits des
deux, si l'Auteur a fait les frais du génie,
& ceux de l'Impression ; ou si l'Imprimeur qui
a mis le *formel* de l'Ouvrage, pour parler lo-
giquement, a acquis le *matériel* que l'Auteur
lui aura cédé, il a donc la propriété adœquate
ou *totale* ; personne ne peut la lui enlever ;
le Souverain lui-même ne peut donc pas
légalement la transporter à un autre : & en
la conservant au propriétaire, il n'ôte pas aux
autres la faculté de *créer d'autres valeurs vé-*
nales ; puisqu'ils peuvent unir de même leur
travail Typographique aux efforts de l'esprit,
de l'érudition de tout autre Auteur que celui
qui est en possession d'un *tout*, formé de sa
mise personnelle, & de celle de son Imprimeur. Cela me paroît démontré, & le pa-
roîtra à quiconque sait raisonner.

Réglemens sur la Librairie.

J'avois dans ma seconde Lettre développé
en peu de mots la filiation des Réglemens,
Edits, Arrêts, sur le fait de l'Imprimerie.
J'aime à croire que l'Auteur *de la Lettre à un*
Magistrat ne l'avoit pas vue ; car, il auroit
eu la bonne foi de ne pas rappeller les Asser-
tions plus qu'hazardées des Libraires de Lyon,

B

ou de montrer que j'y avois mal répondu. Je pourrois donc me dispenser d'y revenir. Cependant pour un plus grand éclaircissement, je reprends briévement cette discussion. L'Auteur nous parle des Lettres-Patentes de 1618, de l'Arrêt de 1767, défendant les continuations de Priviléges; & sur-tout il insiste avec complaisance sur ce que ces défenses avoient été sollicités dès 1613 par les Imprimeurs de Paris. Démêlons encore une fois toutes ces idées.

P. 18, 19, &.

. Au milieu du seizieme siecle on ne voyoit gueres sortir des Presses que quelques Ouvrages anciens, ou des Libelles qu'enfantoient les factions qui désoloient la France. Le seul livre qui pouvoit être l'objet de la cupidité des Imprimeurs, étoit les usages Romains. Kerver en avoit obtenu le Privilége en 1570. Cette faveur exclusive, pour un Ouvrage qui au fond n'appartenoit à personne, piquoit la jalousie de beaucoup d'Artistes. Leurs plaintes réitérées obtinrent du Parlement en 1573 & 1586, & du Conseil en 1603 & 1610 des défenses d'en demander la continuation. Malgré ces défenses arrachées par l'importunité, on ne laissoit pas de continuer ces Priviléges parce qu'on sentoit que la concurrence ruineroit l'Imprimerie.

En 1618, Lettres-Patentes, qui, dirigées indirectement contre le Privilége pour ces usages Romains, prohiboient cependant en général ces continuations de Privilége, à moins qu'il n'y eut augmentation aux livres.

En 1660, lorsque sous le regne de Louis XIV,

(23)

XIV, la Littérature commençoit à être cul-
tivée avec éclat, on oublia les Priviléges des
Usages, on sentit la nécessité de maintenir
les propriétés des Auteurs, par des Priviléges
& continuation de Priviléges. Ainsi, laissant
de côté les Lettres-Patentes de 1618, l'Arrêt
du Parlement de 1657, on les accorda sans
difficulté ; & l'expérience prouva que rien ne
contribuoit plus au bien être des Auteurs, à
la gloire des Lettres, & à l'illustration de
l'Imprimerie.

Cependant en 1664, un Libraire de Rouen,
appuyé sur ces anciens Réglemens, entreprit
d'imprimer un livre qu'un Libraire de Paris
avoit publié, en vertu d'une continuation de
Privilége ; un Arrêt du Conseil en 166, con-
damna l'Imprimeur de Rouen, & maintint
celui de Paris dans la jouissance de son Privilége.

En 1667, Arrêt de Réglement par lequel
le Roi astreignoit seulement ceux qui vou-
droient avoir de ces continuations de Priviléges à les demander une année avant l'expiration ; laissant toujours la concurrence libre
pour les *Auteurs anciens*, à moins qu'il n'y
eut *correction considérable*, disoit le Conseil,
au lieu d'*augmentation* qu'avoit mis le Parlement en 1657.

En 1670, Martin profitant de l'équivoque du
terme *Auteur ancien*, qu'il prétendoit expli-
quer d'Auteurs déjà imprimés, mais que le
Conseil entendoit d'Auteurs morts avant l'invention de l'Imprimerie, s'avisa d'imprimer
les Œuvres de St. François de Sales, dont

Léonard

Léonard avoit le Privilége. Celui-ci fit faire une saisie chez Martin, les autres Libraires intervinrent en sa faveur; mais malgré cette réclamation, Martin & les intervenans furent condamnés par le Conseil en 1673.

Les continuations de priviléges, dont le Conseil sentoit l'abfolue néceffité, avoient lieu de fait, sans que cependant la défense d'en obtenir eût été révoquée de droit. C'eft ce qui détermina en 1679 les Libraires de Lyon à préfenter une Requête au Conseil, pour faire révoquer un grand nombre de continuations de priviléges, comme accordés en contravention de l'Arrêt de 1765, mais leur Requête fut rejettée.

Enfin, il étoit de toute équité de faire cesser ce combat entre l'ufage autorifé & une apparente prohibition. Le Roi donna donc un Édit qui fut enregiftré au Parlement le 21 Août 1686, & qui fixa irrévocablement la Jurifprudence: il n'y fut plus queftion de défendre les continuations de privilége, de les demander un an avant l'expiration du précédent, d'y mettre la claufe d'augmentation ou correction: on autorifa purement & fimplement ces continuations, en défendant, art. 65, de contrefaire tous Livres imprimés avec Privilége ou *continuation* de Privilége. La même défenfe fut renouvellée en 1695, dans le Réglement donné pour la Librairie de Lyon; & le Réglement de 1723, calqué fur ces Edits, contient exactement les mêmes difpofitions.

Voilà donc des Edits, des Lettres-Patentes revêtues de toutes les formes, enregiftrées au
Parlement

(25)

Parlement & qui font Loi, jufqu'à ce qu'elles
ayent été révoquées; ce qui affurément ne
peut s'opérer par un fimple Arrêt du Confeil,
donné en apparence du *propre mouvement*,
mais dans la réalité à la Requête & follicita-
tion de quelques Libraires de Province, & qui
dès-lors étoit très fufceptible d'oppofition.

Croyez-moi, Monfieur, ou plutôt croyons-
en ces hommes fages qui depuis cent ans ont
renouvellé conftamment des loix qui auparavant avoient été vaillantes. L'expérience les
avoit inftruits & une expérience contraire
nous inftruiroit malheureufement à nos dé-
pens. Nous avons déjà vu éclorre de ces belles
fpéculations qui fe font évanouies en naif-
fant : fi celle-ci n'éprouvoit pas le même fort,
fes fuites funeftes nous en feroient bientôt
repentir. Nos ancêtres, guidés par des vues ré-
fléchies, par les événemens, s'étoient déter-
minés à empêcher la concurrence en Librairie, & ils en avoient vû les bons effets. La
tolérance de quelques gens en place a cru
faire des merveilles en autorifant les contrefaçons. Delà la dégradation de l'Imprimerie
qui ne vient fûrement pas de l'exclufif, puifque nos Adverfaires font forcés d'avouer qu'il
étoit anéanti par la multitude des contrefaçons. Que les Arrêts s'exécutent, la concurrence achevera de détruire ce qu'un refte de
gêne confervoit encore : jufqu'à ce qu'enfin
perfonne n'ofera plus acheter d'un Auteur
un volume *in-*12, par la crainte que cinq ou
fix autres ne l'impriment enfuite fans l'avoir
payé. Alors le bon marché de quelques années
fera

fera bientôt remplacé par l'exceſſive cherté
des Livres anciens qu'on ne réimprimera
plus , ou par la néceſſité de tirer les nouveaux
de l'Etranger. Et ne croyez pas que je vous
annonce un avenir fort éloigné ; j'ai actuelle-
ment ſous les yeux une Lettre écrite à un
Libraire étranger par Duplain, le parent de
cet honnête homme de Lyon , que M. le Noir
a condamné l'année derniere pour *vol* fait à
la Dame Deſſaint, (car les Défenſeurs mêmes
des Arrêts, appellent la contrefaçon un vol.)
Cette Lettre eſt du 5 Janvier. « Comme les
» Libraires de Paris, lui dit-il, eu égard aux
» nouveaux Réglemens, ne veulent plus (il
» falloit dire ne peuvent plus) acquérir de
» Manuſcrits, je vous offre mes ſervices pour
» traiter avec les Auteurs qui ont le plus de
» réputation, & vous accaparer les meilleurs
» Manuſcrits, qui pourront vous procurer les
» bénéfices les plus conſidérables. Nous laiſ-
» ſerons aux Libraires de ce Pays-ci les Alma-
» nachs, les Romans inſipides, les Journaux
» pour amuſer les beaux eſprits de Paris ».

PIERRE DUPLAIN,
Cour du Commerce , à Paris.

———

Je ne perdrai pas le tems à revenir ſur ces
puériles déclamations contre la chimérique
opulence des Libraires de Paris ; vous avez
vû le contraire dans mes précédentes Lettres ;
ſur cette belle proſopopée de *mille Imprimeurs
de Province* proſternez aux pieds de ſept ou
huit opulens Confréres , tandis qu'il n'y a

en

èn France que 264 Imprimeurs, dont la plupart l'emportent de beaucoup en Province fur ceux de Paris pour les richeſſes ; fur ce code fingulier de morale toute nouvelle , qui autoriſeroit à ôter à ceux qui ont , parce qu'ils poſſédent depuis long-tems, pour donner à ceux qui n'ont pas ; fur ce monopole imaginaire qui feroit, dit-on, vendre 100 liv. par les Libraires une Bible, que dans le fait ils donnent tous les jours à 12 liv. ; fur la prétendue impuiſſance de rien faire, à laquelle les Priviléges excluſifs réduiroient les Libraires de Province , quoiqu'ils puiſſent, comme ceux de Paris, acheter des Manuſcrits & qu'ils le faſſent, quoiqu'ils puiſſent acheter à la Chambre des Priviléges entiers ou des parts de Privilége qui s'y vendent journellement, & qui par-là peuvent fe répandre dans tout le Royaume. Je laiſſe toutes ces ennuyeuſes répétitions pour fuivre encore l'Auteur dans ce qu'il dit fur les contrefaçons & l'effet rétroactif des Arrêts.

Contrefaçons.

L'Ecrivain convient que la Contrefaçon eſt *un vol*, un vol juſtement qualifié tel , & qu'il faudra pourſuivre comme un *crime*. Mais apparemment que cette qualification ne date que du moment des derniers Arrêts. Cette idée feroit abſurde ; car la Contrefaçon fera fans doute un *vol*, fuivant l'Auteur, parce qu'elle fera prohibée par le Privilége ; mais elle l'étoit également par les précédens : la prohibition étoit la même , l'autorité qui avoit prononcé étoit la même. Les moyens de

découvrir

(28)

découvrir le *délit* pouvoient être différens ; mais la loi févissoit également contre celui qui étoit prouvé. Ce seroit donc se moquer de ses Lecteurs, & bouleverser toutes les idées, que de prétendre que cette manœuvre qui n'étoit pas vol hier, le deviendra subitement au moment où les nouveaux Arrêts seront en vigueur. La Contrefaçon est un *vol* aujourd'hui, comme elle l'étoit hier ; elle l'est par sa nature, & non comme violation des Priviléges ; elle l'est comme attentant à la Propriété, comme enlevant le bien d'autrui ; elle l'est sans aucun Arrêt, avant toute prohibition légale ; parce qu'elle viole la loi naturelle ; parce qu'elle enleve à ce Libraire son bien & un bien qu'il a acheté : oui, Monsieur, acheté, & souvent très-cher : en voici deux exemples entre mille. à la mort de M. Boudot, Auteur du Dictionnaire de ce nom, il pouvoit rester pour environ six cents livres d'Exemplaires de l'Ouvrage. Cependant, ces Exemplaires, avec le droit de *Propriété* du Livre pour le faire réimprimer, furent vendus vingt-quatre mille liv., qui furent partagées entre les Héritiers. Il est évident que tout autre que l'Acquereur en imprimant ce Livre, enleveroit, sans payer, ce qui a coûté vingt-quatre mille livres à cet Acquereur. Il faut donc de deux choses l'une, ou qu'il puisse poursuivre quiconque voudra le lui ravir, ou qu'il ait droit de se pourvoir contre les vendeurs comme l'ayant lézé, comme lui ayant transporté une Propriété chimérique, une Propriété que maintenant on conteste légalement. Aussi M. Boudot, Procureur

(29)

reur , un des héritiers, qui a l'ame trop honnête
pour ne pas fentir que cette répétition eft de fuprême équité, eft-il difpofé, fi les Arrêts avoient
leur exécution , à dédommager les Acquéreurs.

A la mort de Didot , un Libraire acquit de
fa Veuve, le Manuel Lexique de Prévot , le
Dictionnaire de Ladvocat, celui de Vofgien,
avec la propriété du droit pour les réimprimer,
moyennant cent quinze mille livres. S'il eût
acheté une terre de pareille valeur , lui en dif-
puteroit-on la propriété ? ou , en lui laiffant le
fond , permettroit-on à chacun d'en vendre
les fruits ?

Que répond à des raifons auffi fimples,
auffi victorieufes, *la Lettre à un Magiftrat* ?
le voici. Qu'il faut, pour l'avenir, défendre
ces Contrefaçons ; mais que le Gouvernement
les ayant tolérées, il feroit fouverainement
injufte de mettre au pilon ces Editions contre-
faites ; que ce feroit une *opération criante , un
véritable vol*. Oh ! pour le coup, Meffieurs ,
cela eft trop fort. Comment ? vous voulez
qu'on ait pu , fans être voleur , contrefaire,
c'eft-à-dire, enlever le Livre d'un Libraire
qui avoit au moins un titre quelconque de
propriété , un titre apparent, un titre colo-
ré , ne fut-ce que par fon Privilége ; & vous
prétendez qu'on ne peut pas ôter à un Contrefacteur ce qu'il a acquis dans les ténébres,
en comptant fur une tolérance qui ne le puni-
roit pas, ni lui faire au moins rendre ce qu'il
a pris ! Vous qualifiez de vol cette juftice ;
peut-on une contradiction plus révoltante ?
Tous les jours on tolére ces filouteries qui
dépouillent

dépouillent adroitement les paſſans diſtraits, de meubles aiſés à dérober, une montre, une tabatiere. On fait même à la Police les moyens de ravoir quelquefois ces effets. Mais concluera-t-on de ce qu'on ne les punit pas, que lorſqu'on trouve le ſubtil eſcroc muni de ces meubles, on ne doit pas les lui faire reſtituer ; que ce ſeroit un *vol* parce qu'on a toléré ce métier, & que *par là on lui a tendu un piége ?*

Page 72.

Mais je réponds plus directement à cette aſſertion avancée avec tant de confiance, & je dis, 1°. Que le Gouvernement n'a pas toléré ces Contrefaçons ; 2°. Qu'il n'a pas pû les tolérer ; 3°. Que s'il l'a fait, ce n'eſt pas dans le ſens qu'il ait pû rendre le Contrefacteur propriétaire de ce qu'il avoit pris.

1°. Le Gouvernement n'a point toléré ces Contrefaçons. Il eſt bien arrivé qu'il ne les a pas inſpectées ni recherchées fort rigoureuſement ; qu'il ne s'eſt pas porté de lui-même à les punir, laiſſant aux Parties intéreſſées le ſoin de demander la manutention de leurs droits ; mais quand les Libraires ont réclamé le ſecours des Loix protectrices des propriétés, ils ont été écoutés. Quand la veuve Deſſaint s'eſt plaint des Contrefacteurs de Lyon, elle a été autoriſée à faire faire viſite & ſaiſie chez eux, & les a fait condamner à des dommages & intérêts. Un Libraire de Rouen ayant entrepris de contrefaire le Dictionnaire de Boudot, Lallemand, Libraire de Rouen, un des Aſſociés à cet Ouvrage, eut recours à l'autorité de M. de Miromeſnil,

alors

alors premier Préſident , qui fit arrêter cette friponnerie, & remettre les premieres feuilles déja imprimées. Je cite cet exemple, pour montrer combien eſt puniſſable la hardieſſe de certains Contrefaĉteurs de Province , qui oſent imputer calomnieuſement à ce Magiſtrat d'avoir autoriſé leurs manœuvres. Je ſais que ces pourſuites des Libraires ont été rares ; mais pourquoi ? Parce que ces vols ſont difficiles à découvrir & à prouver ; parce qu'il eſt preſque impoſſible qu'un Contrefaĉteur ne ſoit pas averti de la viſite qu'on va faire chez lui, trop de gens étant dans le ſecret , & que peu d'Imprimeurs veulent faire les avances de frais conſidérables & inutiles.

2°. On n'a pas pû ni dû tolérer ces Contrefaçons ; & cette aſſertion ſuffit pour montrer que l'Arrêt qui en légitime les effets ne pourra jamais ſoutenir les regards d'un examen juſte & éclairé. Il ſeroit en effet inoui, que des Loix ſages , renouvellées pendant cent ans, établies après les contradiĉtions les mieux motivées, après des examens réfléchis de *commodo & incommodo* , puſſent être ainſi le jouet des idées perſonnelles , des ſpéculations arbitraires de chaque Adminiſtrateur particulier. Il ſeroit inoui , que ces Loix conſtamment maintenues en ſpéculation , euſſent pû être foulées aux pieds dans la pratique, & que ce mépris eut été toléré ; que l'autorité du Légiſlateur fût à la merci du caprice de chaque individu qui auroit part au Gouvernement. Il ſeroit inoui , que les violateurs de ces Loix euſſent été condamnés ;

en cas de récidive , à une punition corporelle ; ce qui annonce le vol d'une *chose confiée à la foi publique ,* & que ceux qui sont préposés au maintien des Loix se fussent cru autorisés, non-seulement à les mettre à couvert de ces séveres châtimens , mais même à récompenser le délit qui les avoit mérités.

3°. En supposant que le Gouvernement ait toléré ces Contrefaçons, il n'a pas pû le faire de maniere à rendre propriétaires du profit de ces vols ceux qui les ont faits. Ne confondons pas, s'il vous plaît, les idées. Un Contrefacteur en imprimant un Ouvrage qui ne lui appartient pas , commet deux délits; il enleve à un propriétaire son bien , & il viole une défense positive qui lui étoit intimée par le Privilége donné à son Confrere , joint à la menace d'une amende. Que le Gouvernement ferme les yeux sur l'infraction de son Réglement ; qu'il tolere une opération qui contredit un exclusif qu'il avoit accordé ; que s'ensuit-il de-là ? Qu'il laisse ce Contrefacteur travailler à ses risques , périls & fortune ; qu'il le met, si vous voulez, à couvert de l'amende qu'il devroit encourir : mais il ne le met , ni ne peut le mettre à couvert des poursuites du Propriétaire légitime ; il ne peut lui adjuger la possession de ce qu'il a dérobé, en l'enlevant à ce Propriétaire ; & ces Contrefaçons connues , prouvées , doivent , ou être anéanties , ou lui être restituées. Mais lui sauver le châtiment pécuniaire qu'il a encouru , la punition même corporelle qu'il a peut-être méritée , & prétendre ,

tendre , de plus , avoir le droit de lui créer
une propriété prife fur le fonds d'autrui, c'eft
une idée abfurde ; c'eft donner au Gouvernement une autorité qu'il n'eut jamais. Les Rois,
dit le Bret (Traité de la Souveraineté,) Liv.
4. Chap. 10. ont beau avoir une puiffance
abfolue fur leurs Sujets, *il ne leur eft pas permis d'occuper le bien d'autrui , de chaffer les
Propriétaires de leurs Héritages ,* ni par con-
féquent de les faire paffer à un étranger.
Ainfi , qu'on faffe grace aux Contrefacteurs
pour le paffé , en tant qu'ils ont enfreint une
Loi pofitive du Prince ; qu'on ne leur faffe
pas payer l'amende qui avoit été prononcée,
les Libraires ne le trouveront pas mauvais ;
ils foufcriront même, fi vous voulez, à cette
indulgence. Mais qu'un Arrêt du Confeil les
releve de la violation du droit naturel , qu'il
les rende fubitement poffeffeurs légitimes de
ce qui ne peut pas leur appartenir ; qu'il
mette le Contrefacteur à la place du Propriétaire, (dont au vrai la propriété eft chimérique, fi le débit des Contrefaçons eft autorifé)
voilà, je l'avoue , ce qui fe logera difficile-
ment dans des têtes bien organifées.

Il faut donc en revenir aux idées commu-
nes , aux notions raifonnables , univerfelles
qui ont été la bafe de toute Légiflation. Les
Contrefaçons font un vol ; elles ne le font
pas *à préfent ,* comme le dit ridiculement
la Lettre que je réfute ; elles l'ont toujours
été ; non-feulement par le droit inhérent de
la propriété, mais encore (puifqu'on le veut)
par le droit furajouté du Privilége. Celui qui
maintenant contrefera un Ouvrage , ne vio-

P. 70.

C

lera

lera pas la défenfe qui lui aura été faite, autrement que celui qui, l'année derniere, a contrefait les *Incas* de Marmontel, que l'on donne pour exemple de Contrefaçon odieufe, comme faite avant même que le Propriétaire légitime ait pû en tirer le moindre parti. L'un & l'autre font des *voleurs :* fi celui-là doit être puni comme tel, celui-ci ne doit pas être plus épargné ; & fur-tout ni l'un ni l'autre ne doivent profiter de leur coupable rapacité.

—

Vous n'avez point oublié que l'on a prétendu raffurer pour l'avenir contre toute Contrefaçon poffible ; que je vous ai démontré au contraire que les Arrêts les facilitoient plus que jamais ; & par l'impoffibilité de furprendre les Contrefacteurs, & par les rifques énormes attachés à une vifite infructueufe, & par la modération des peines prononcées par les précédens Réglemens. Les défenfeurs des Arrêts l'ont fenti à merveille, & ils ont effayé de parer à ce terrible inconvénient. Le *Difcours impartial* nous a dit qu'il n'y avoit d'autre moyen de couper court à ces rapines que la plainte & l'information juridique comme pour tous les autres délits. La *Lettre à un Magiftrat* indique un moyen encore plus court & moins difpendieux pour la partie lézée, c'eft une fimple dénonciation fur le Regiftre du Procureur du Roi, qui pourfuivra en fon nom, fans qu'on foit obligé de fe porter partie civile. Tout cela eft on ne peut pas mieux imaginé ; mais,

.Meffieurs,

P. 72.

(35)

Messieurs, pourroient répliquer les Libraires,
permettez-nous de vous dire que vous vous
moquez un peu de nous. Nous nous plai-
gnons que les Arrêts, en permettant de vendre à notre préjudice les Contrefaçons paf-
fées, nous offrent la plus effrayante perspe-
ctive sur les Contrefaçons futures : & pour
nous raffurer vous nous apprenez qu'il y auroit des moyens infaillibles pour les empêcher : mais ces moyens ne font pas adoptés
par les Réglemens qui excitent notre réclamation ; mais vous n'avez, Meflieurs les Anony-
mes, malgré votre impartialité, & vos bril-
lantes correfpondances, aucun caractère, aucune autorité pour fubftituer aux moyens de
la Loi ceux de votre invention. Nous aime-
rions autant qu'on donnât à un malade à
l'extrêmité des remédes incapables de le gué-
rir, en lui difant qu'il en exifte d'autres qui
feroient plus efficaces, mais qu'il ne peut pas
fe procurer ; c'eft-à-dire, en un mot, comme
vous l'obfervez très-bien, » que le nouveau   P. 73.
» Code nous aura fait le mal très-certain de
» refferrer nos jouiffances préfentes, fans nous
» avoir fait le bien promis de les rendre pour
» l'avenir plus fructueufes & plus effectives.

Effet rétroactif.

Ces *jouiffances préfentes* fi prodigieufement
refferrées pour les Libraires, par l'Arrêt fur
les Priviléges, me conduifent naturellement à
vous parler de l'effet rétroactif qu'auroit néceffairement cet Arrêt, s'il étoit exécuté.
Voilà ce qui a paru de plus effrayant dans
ce Réglement, & qu'on a regardé comme
C 2

inconciliable

inconciliable avec les régles les plus commu-
nes de la Justice diftributive. Ceux qui ont
entrepris de le défendre n'ont pas pû fe diffimu-
ler cet inconvénient. Comment ont - ils répondu à l'objection accablante à laquelle il
donnoit lieu ? Le Difcours impartial nous a
dit froidement que les Libraires n'avoient pas
dû compter fur ces continuations de Privilége ; qu'ainfi l'Arrêt n'avoit point d'effet rétroactif, parce qu'il n'ôtoit que ce qu'on n'auroit pas dû avoir. L'auteur de *la Lettre au
Magiftrat* qui a une marche plus ferme , plus
vigoureufe , (comme il voudroit que le Gouvernement l'eût) répond d'une maniere *nette,
précife* que l'Arrêt n'a point d'effet rétroactif
parce qu'il n'exifte point de Priviléges perpétuels , *pas un , pas un feul*. Il a compté
apparemment que ce ton fier, hardi, alloit
en impofer ; qu'on feroit tout honteux d'a-
voir adopté fottement cette erreur populaire
en Librairie, qu'il y avoit des *Priviléges
perpétuels*. Et non, Monfieur, calmez-vous ;
nous ne fommes pas affez imbécilles pour
avoir ou cru , ou avancé cette ridicule pré-
tention : mais voici ce que nous avons dit ,
à vous collectivement, rédacteurs ou apolo-
giftes des Arrêts ; que le Privilége pour un
Ouvrage , dont il exifte un Propriétaire ou
des repréfentans, fans être perpétuel de droit,
l'étoit de fait ; que fans aucune difficulté on
le continuoit au premier qui avoit eu droit
de l'obtenir ; que ces continuations de Priviléges après avoir fouffert quelque difficulté
pendant plufieurs années, avoient enfin été
pleinement , légalement autorifées depuis plus

de

P. 62.
P. 67.

de cent ans par le Gouvernement , qui en avoit fenti l'abfolue néceſſité pour l'avantage de l'Imprimerie. Nous vous avons ajouté que tel étoit l'état , la conſtitution de la Librairie françoiſe ; que tous les Libraires avoient traités ſur la foi de ces maximes univerſellement avouées ; qu'ils étoient partis de là pour acheter des Priviléges , des parts de Priviléges, au vû & au ſçu du Gouvernement , qui n'avoit ſûrement pas prétendu leur faire acheter des droits illuſoires ; qui ne les eût pas autoriſé à contracter des Sociétés , prendre des engagemens , ſe marier , marier leurs enfans , aſſeoir ſur ces Priviléges des dots , des douaires , des repriſes matrimoniales , s'il eût voulu tromper leur confiance fondée ſur la certitude de demeurer ſeuls propriétaires de ce qu'ils acquéroient.

Qu'on répéte après cela du ton le plus confiant que nul privilége ne porte cette empreinte de perpétuité ; que tous ont un terme fixe ; cela s'appelle incidenter ſur le mot pour obſcurcir l'évidence de la choſe. L'Auteur ignore-t-il qu'il y a mille Loix qui s'interprétent par l'uſage , qui paroiſſant avoir textuellement un ſens, en ont un tout autre dans l'application uſuelle, connue, générale ? Tels ſont les Priviléges : on y a mis un terme , parce que le Gouvernement a toujours voulu être le maître d'empêcher , pour bonnes raiſons la réimpreſſion d'un Livre , par le ſimple refus de continuer un Privilége ; parce que ces Priviléges tenant en partie à la burſalité , l'intérêt du fiſc exigeoit que la continuation n'eût lieu que ſur une nouvelle conceſſion ;

mais

mais cette continuation ne se refusoit jamais ;
ou si elle se refusoit, ce n'étoit point pour
donner le Privilége à un autre.

Raisonnant d'après ces principes non con-
testés, j'ai eu raison de dire : à la bonne-
heure, établissez la Loi pour l'avenir ; pro-
noncez que pour tout Ouvrage nouveau qu'un
Libraire achétera & imprimera, il ne pourra
obtenir qu'un Privilége à terme, & peut-être
ensuite une seule & unique continuation de
Privilége. Mais pour ceux qu'il a acquis avant
la Loi, & qu'il a acquis dans la confiance
légale qu'il en seroit toujours & seul propriétaire, & qu'il a payé en proportion de cette
assurance ; conservez la lui ; ou si vous la lui
ôtez, convenez de bonne-foi que les Arrêts
ont un effet rétroactif.

Et une observation importante que je vous
prie de saisir, c'est que d'après l'Auteur de la
Lettre, je serois autorisé à appeller cet effet
P. 72. rétroactif une *opération criante, un véritable
vol.* En voici la preuve complette : il soutient
que si le Gouvernement empêchoit maintenant les Contrefacteurs de vendre les contrefaçons ; par cela seul qu'il a paru les tolérer,
ce seroit *un piége qu'il leur auroit tendu, un
vol qu'il leur feroit ;* j'accorde la majeure. Or,
les Libraires qui ont compté sur la perpétuité
de leurs Priviléges n'ont pas seulement eu
pour eux une simple *tolérance,* ils y ont été
autorisés par une conduite *positive* du Gouvernement : cette mineure est incontestable ;
donc leur enlever cette perpétuité de continuation pour les ouvrages passés est une *opération criante, un véritable vol.* Je ne fais

ſi je me trompe, mais il me ſemble que je
pourrois dire avec plus de fondement que
l'Auteur, que cet argument *ad hominem eſt
aſſez fort.*

P. 30.

Il eſt encore une autre obſervation auſſi eſ-
ſentielle ſur cet effet rétroactif, & par lequel
je finis, c'eſt qu'en même tems qu'on donne
à l'Arrêt un effet rétroactif; meurtrier pour
les Libraires poſſeſſeurs légitimes, on lui en
donne un, tout à l'avantage des Contrefacteurs. Que porte en effet la Loi? Qu'à l'expiration d'un Privilége, on donnera à tout
Imprimeur, qui la demandera, la Permiſſion
d'imprimer le même Ouvrage. Voilà donc
tous les Libraires mis, pour l'avenir, en poſ-
ſeſſion fondée, légitime, de tous les Ouvrages
dont le Privilége ſera fini. Je ſuppoſe maintenant le plus honnête des Contrefacteurs,
un homme qui n'aura imprimé que des livres
dont le Privilége venoit d'expirer, regardant,
ainſi que nos Adverſaires, ces continuations
de Priviléges, données aux mêmes Libraires,
comme un abus introduit contre toute juſti-
ce; il eſt clair qu'il aura pris d'avance, & par
lui-même, la permiſſion que l'Arrêt vient de
donner légalement; or, cet Arrêt légitimant
ſon opération, lui permettant de vendre ce
qu'il a imprimé avant que d'y être autoriſé,
vous comprenez que cette diſpoſition de la
Loi a pour lui un effet très-rétroactif, qu'elle
le met pour le paſſé dans la même poſition où
il ſera pour l'avenir, & que ce nouveau Réglement, dans lequel on nous dit qu'on a
pourvu *à l'intérêt reſpectif des Imprimeurs* &

P. 41.

des Libraires, porte toutes les faveurs d'un
côté

côté, & tous les retranchemens de l'autre. Au reste, Monsieur, je souhaite que cette nouvelle Jurisprudence ait tout le succès que l'Auteur nous annonce ; mais je n'en crois rien ; je suis persuadé au contraire que l'homme à talens consacrera à un autre usage des veilles devenues presque stériles, & dont il avoit espéré être récompensé par une vente de propriété perpétuelle ; que les Imprimeurs de la Capitale retomberont dans l'état d'indigence où sont morts (par l'effet de la Concurrence alors en usage) les Etienne, les Morel, &c. qui n'auroient pas même pû continuer leurs travaux, s'ils n'eussent trouvé des ressources dans la libéralité de nos Rois ; que les Libraires de Province eux-mêmes, après quelques gains éphémeres, se trouveront bientôt ruinés par la Concurrence, comme d'autres l'ont été par les Contrefaçons ; que comme une ou deux Éditions peuvent seules être avantageuses à ceux qui les entreprennent, sept ou huit paralleles s'étoufferont mutuellement ; & qu'ainsi on verra peu-à-peu tout se détruire & se renverser ; jusqu'à ce que les inconvéniens de cette Anarchie obligent l'Administration à remettre les choses dans l'état où elles étoient avant les nouveaux Arrêts.

J'ai l'honneur d'être, &c.

Ce 6 Février 1778.

www.ingramcontent.com/pod-product-compliance
Ingram Content Group UK Ltd.
Pitfield, Milton Keynes, MK11 3LW, UK
UKHW021317190726
13839UKWH00007B/1934